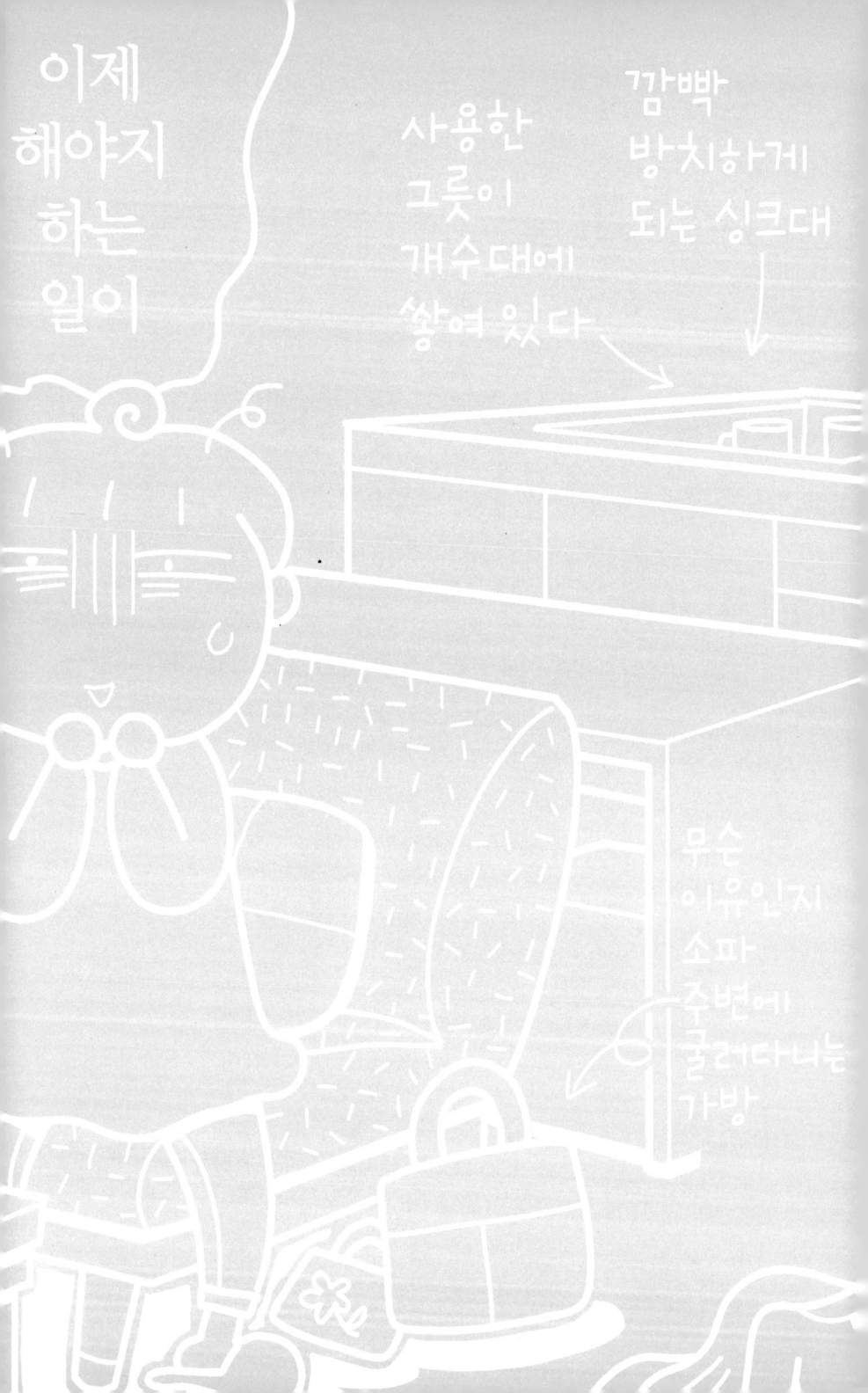

사랑받는 집사가 되고 싶다면 &
키우고 싶다면
반드시 읽어봐야 할 입문 필독서

고양이를 제대로 이해하는 법
고양이는 처음이라
13,000원

'나만 고양이가 없어!'
**한탄하기 전에 꼭 알아야 할 깨알 지식 &
알아두면 쓸모 많은 궁금증 해설서**
전문 수의사가 일러스트로 이해하기 쉽게 해설

대반전!
실전 정리 수납 코믹 에세이 1탄

내 인생의 반전 정리 수납 성공기
집이 깨끗해졌어요!
9,800원

아무리 치워도 집이 전혀 깨끗해지지 않는 이유는 '쓰지도 않으면서 가지고 있는 것만으로 왠지 안심'인 잡동사니 물건으로 넘쳐났기 때문…?

자신의 내면을 돌아보고 과감하게 쓰지 않는 물건을 버렸더니 새로운 인생이 눈앞에 펼쳐졌다!

MENDOKUSAGARI NO JIBUN O MITOMETARA HEYA GA MOTTO KIREI NI NARIMASHITA
MIKKABOZU NO ATOMAWASHI MUSHITAIJIJUTSU
ⓒ Pon Watanabe 2018
First published in Japan in 2018 by KADOKAWA CORPORATION, Tokyo. Korean translation rights arranged with KADOKAWA CORPORATION, Tokyo through Shinwon Agency Co., Seoul.

이 책의 한국어판 저작권은 신원에이전시를 통한
KADOKAWA CORPORATION과 독점 계약으로 도서출판 이아소에 있습니다.
저작권법에 의해 한국 내에서 보호를 받는 저작물이므로 무단 전재와 무단 복제를 금합니다.

옮긴이 송수영
대학과 대학원에서 일본 문학을 공부하였다. 《Friday》, 《The Traveller》, 《여행스케치》 등의 편집장을 거쳐 현재는 출판 업무와 전문 번역에 종사하고 있다. 저서로 《어떻게든 될 거야, 오키나와에서는》이 있으며 《집이 깨끗해졌어요!》, 《여행의 공간 1》, 《고운초 이야기》, 《온다 리쿠의 메갈로마니아》, 《나를 닮은 사람》, 《의사가 알려주는 내 몸을 살리는 식사 죽이는 식사》, 《5초 뒷무릎 펴기로 모두 해결》 등 다수의 번역서가 있다.

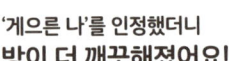

'게으른 나'를 인정했더니
방이 더 깨끗해졌어요!

초판 1쇄 발행 2020년 7월 15일

지은이 와타나베 폰
옮긴이 송수영
펴낸이 명혜정
펴낸곳 도서출판 이아소
디자인 레프트로드
교 열 정수완

등록번호 제311-2004-00014호
등록일자 2004년 4월 22일
주소 04002 서울시 마포구 월드컵북로5나길 18 1012호
전화 (02)337-0446 **팩스** (02)337-0402

책값은 뒤표지에 있습니다.
ISBN 979-11-87113-42-3 17590

도서출판 이아소는 독자 여러분의 의견을 소중하게 생각합니다.
E-mail : iasobook@gmail.com

이 도서의 국립중앙도서관 출판예정도서목록(CIP)은 서지정보유통지원시스템 홈페이지
(http://seoji.nl.go.kr)와 국가자료공동목록시스템(http://www.nl.go.kr/kolisnet)에서
이용하실 수 있습니다. (CIP제어번호 : CIP2020026804)

마치며

이렇게 저의 책을 읽어주셔서
대단히 감사합니다.

이번 책은 전작인 《집이 깨끗해졌어요!
내 인생의 반전 정리 수납 성공기》에 이어
한층 성장한 저의 정리 정돈 이야기입니다.
때로 벽에 부딪히기도 하고, 고민도 깊었습니다만
많은 분들의 성원으로 무사히 결실을 맺었습니다.

읽어주신 모든 분들,
응원해주신 분들,
격려해준 지인, 가족, 그리고
이 책을 완성하도록 지원을
아끼지 않았던 많은 분들,
모두 감사합니다.

와타나베 폰

또 어딘가에서 만나요!

욕실 선반

입욕제와 비누, 보디 오일 등을 가지런히. 방심하면 자칫 수량이 늘어나므로 '보기에 좋은 정도'로 제한하려 항상 주의합니다.

욕실용 쓰레기통

덮개를 없애는 것만으로 머리카락 청소가 이렇게 편해지다니! 오리 브러시는 찌든 때가 있는 곳에서 활약.

배수구 덮개 제거

집이 깨끗해지니 오랫동안 꿈꾸던 멋진 잡화 장식과 향기로운 생활이 가능하게 되었습니다.

현관의 장식 공간

향 세트

주방

작은 사이즈로, 바로 손에 닿도록 도구를 배치! 저에게는 마치 비행기 조종석 같은 주방입니다.

생선구이 그릴

꺼내기 쉽게 만든 서랍

싱크대

덮개를 없애고, 하면서 정리 정돈을 실천한 이후 놀라울 정도로 주방이 깔끔해진 듯한 착각이!

청소용품

굳이 감춰두지 않아도 되는 깜찍한 디자인에, 사용해보고 싶어지는 제품으로만 골랐습니다.

책상 위 다육식물

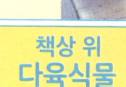

일을 하는 짬짬이 오동통한 잎을 바라보거나, 휴식 시간에 물을 주는 등… 최근 저의 최고의 힐링 아이템이랍니다.

거실

요즘 계절 분위기를 내는 장식품에 관심이 높아졌습니다. 그 외 놓아둔 것은 바로 수납 가능한 물건입니다. 뭔가 갑자기 놓아야 하는 물건이 늘어날 때에 대비해 여유 공간을 확보해두면 안심입니다.

캘린더 & 고미술

캘린더와 남편이 구입한 고미술 외에 여행지에서 구입한 기념품 등 추억의 물건을 장식하고 있습니다.

돼지우리 집에서 탈출한 지 3년…
드디어 진짜 '깨끗한 집' 완성!

현재 제가 살고 있는 집입니다. '하면서 정리 정돈 & 청소'를 통해 힘들이지 않고도 집을 깨끗하게 유지하게 되었습니다.
필요한 것과 좋아하는 것만 남기는 생활을 하면서 소유한 물건을 100% 충분히 즐기고, 가족 간의 소통도 원활해졌습니다.

전편《집이 깨끗해졌어요!》때보다 약간 살림이 늘었습니다.
그래도 집이 지저분해지지 않는 것은 물건을 관리하는 능력이 향상된 덕분인 것 같아요.

작업실

4
직접 하기 힘든 일은 도움을 받는 것도 방법!

5
월 1회 '작은 대청소'로 연말 대청소를 졸업하자!

3
하면서 닦기·하면서 정리가 수월한
타이밍에 후다닥 해치우자!

2
'내게 맞는 편리한 방법'을 찾자!

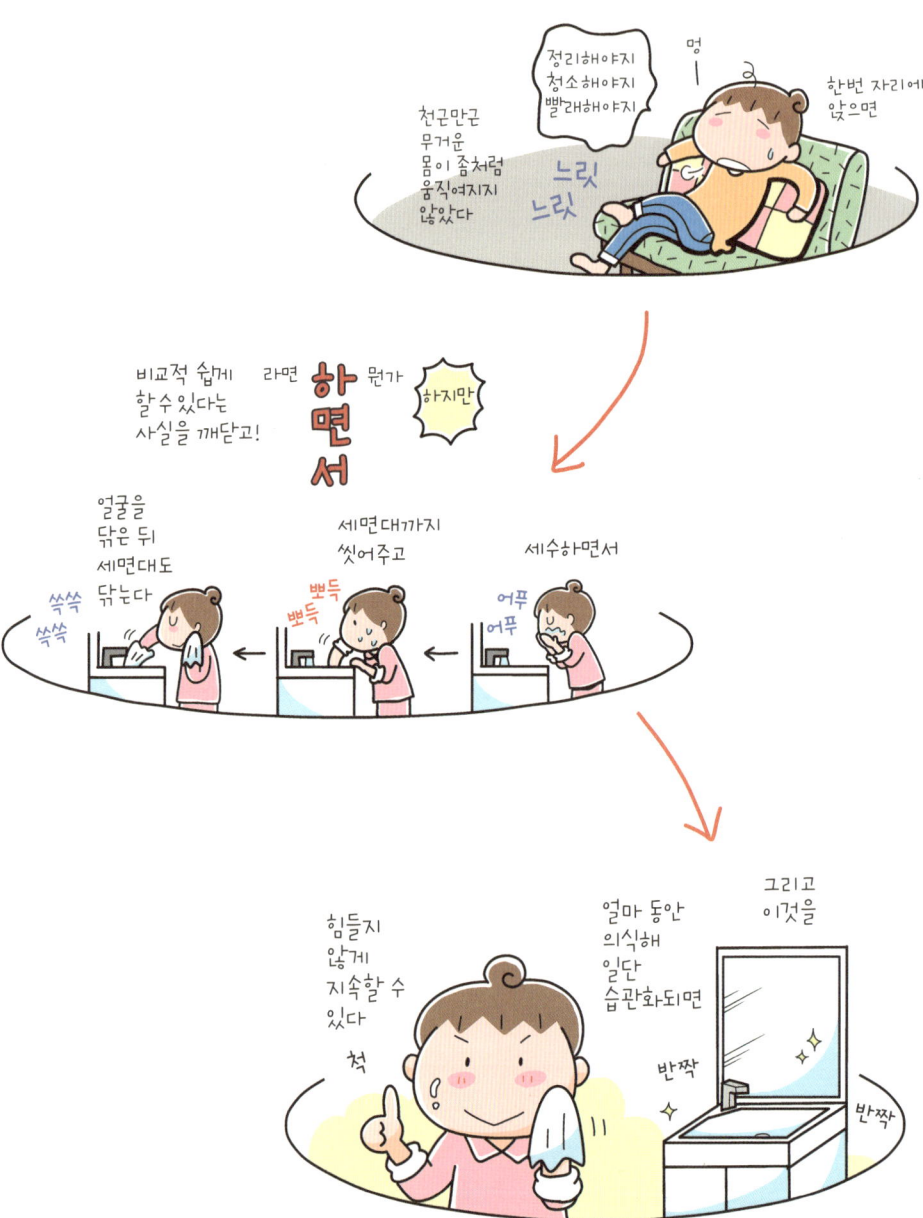

1
'작심삼일이지만 그래도 할 수 있는 것이 있다!'는 생각을 일깨우자!

일생의 꿈인 '365일 깨끗한 집'이 실현되고…

[제 11 화]
'대청소 쪼개기'로 제때 좋은 환경 만들기
~연말 대청소 억만 가지 문제 편~

\ 제11화 /

'대청소 쪼개기'로 제때 좋은 환경 만들기

~ 연말 대청소 억만 가지 문제 편 ~

제 10 화
지금 움직이면
내일이 행복하다
~ 세상 다 귀찮은 시기 편 ~

\ 제9화 /

솔직해지니 집안이 한결 화기애애

~ 바빠서 집이 쑥대밭이 되는 시기 편 ~

【 제 8 화 】
부담감 없애는 마법 '줄이기 & 후딱 해치우기'
~짜증 나는 설거지 극복 편~

어—잇
고작 면 그릇 두개!
해치우자!!

문질 문질
쏙—

이렇게 해서 이날 나는
그리고 맘 편하게 좋아하는 TV 프로를 보는 거지
잘 해치웠다!!

여유롭게 마음 편히 쉴 수 있었다
느긋하게 반신욕 최고!
'설거지해야 하는데'라는 찜찜함이 1도 없이

사용한 도구는 식사 전에 후딱 닦아두고
상차림 방식에 살짝 변화를 주게 되었다
그리하여...
방어조림 완성!
문질 문질

★ '이 정도는 해치우자'를 입버릇처럼 말한다
★ 식사할 때 사용하는 그릇을 최소화한다
일단 한동안 이걸 실천해보자
이런 방식이라면 어쩌면 나도 할 수 있을 것 같은데

제8화
부담감 없애는 마법 '줄이기 & 후딱 해치우기'
~짜증 나는 설거지 극복 편~

제 7 화
찾기 쉽고
청소하기 편하게 수납한다
~ 옷장 재점검 편 ~

【제 6 화】
'감추다가 결국 대참사' 습관을 고치다
~싱크대 거름망 청소 편~

제 6 화
'감추다가 결국 대참사' 습관을 고치다
~ 싱크대 거름망 청소 편 ~

【제5화】
'집에 오면 바로 정리' 근심의 싹을 미리 제거한다
~금세 어질러지는 테이블 편~

【제5화】
'집에 오면 바로 정리' 근심의 싹을 미리 제거한다
~금세 어질러지는 테이블 편~

【 제 5 화 】
'집에 오면 바로 정리' 근심의 싹을 미리 제거한다
~금세 어질러지는 테이블 편~

제 5 화
'집에 오면 바로 정리' 근심의 싹을 미리 제거한다
~ 금세 어질러지는 테이블 편 ~

\ 제4화 /

'나중에 한꺼번에 하지'가 집을 어지럽히는 주범

제 3 화
내게 맞는 편리한 청소법 찾기
~ 욕실 청소 편 ~

제2화
'~하면서 닦기'로 해결할 수 있을까?
~ 세면대 청소 편 ~

[제1화]
매일 자주 청소하는 건 힘들어

제 1 화
매일 자주 청소하는 건 힘들어

087 **제10화** 지금 움직이면 내일이 행복하다
~ 세상 다 귀찮은 시기 편 ~

094 더러운 집과 마음의 피로는 연관이 있었습니다

095 **제11화** '대청소 쪼개기'로 제때 좋은 환경 만들기
~ 연말 대청소 억만 가지 문제 편 ~

103 정리 정돈과 함께 몸 관리도 시작했습니다

104 **에필로그** 일생의 꿈인
'365일 깨끗한 집'이 실현되고…

108 미루기 벌레 게으름 벌레와의 분투기 : 필승 전략 총정리

112 돼지우리 집에서 탈출한 지 3년…
드디어 진짜 '깨끗한 집' 완성!

116 마치며

043 **제5화** '집에 오면 바로 정리' 근심의 싹을 미리 제거한다
~ 금세 어질러지는 테이블 편~

052 주말 라이프에도 변화가 생겼습니다

053 **제6화** '감추다가 결국 대참사' 습관을 고치다
~ 싱크대 거름망 청소 편~

060 똑똑한 가전은 수고를 덜어줍니다

061 **제7화** 찾기 쉽고 청소하기 편하게 수납한다
~ 옷장 재점검 편~

068 빛이 차단되어 잘 보이지 않는 곳은 더러워지기 쉬워요…

069 **제8화** 부담감 없애는 마법 '줄이기 & 후딱 해치우기'
~ 짜증 나는 설거지 극복 편~

077 좋~아! 이 정도는 당장 해치우자!

079 **제9화** 솔직해지니 집안이 한결 화기애애
~ 바빠서 집이 쑥대밭이 되는 시기 편~

086 가사 분담도 중요하지만…

CONTENTS

- 002 **프롤로그** 도대체 왜 슬금슬금 지저분해질까

- 011 **제1화** 매일 자주 청소하는 건 힘들어
  - 017 지저분 캐릭터의 맞아 맞아!

- 019 **제2화** '~하면서 닦기'로 해결할 수 있을까?
  ~ 세면대 청소 편 ~
  - 026 이럴 때 이런 일이 너무 귀찮아…

- 027 **제3화** 내게 맞는 편리한 청소법 찾기
  ~ 욕실 청소 편 ~
  - 034 불쾌한 쓰레기를 처리하는 도구를 소개합니다

- 035 **제4화** '나중에 한꺼번에 하지'가
  집을 어지럽히는 주범
  - 042 취미도 도를 넘으면 집을 어지럽히는 원인이 된다!?

도대체 왜 슬금슬금 지저분해질까

'게으른 나'를 인정했더니

방이 더 깨끗해졌어요!

게으름뱅이의 **작심삼일 퇴치하기**

와타나베 폰 지음
송수영 옮김

이아소